AF224105

LE PATRIOTISME

DISCOURS PRONONCÉ

EN

L'ÉGLISE SAINTE-MADELEINE

LE 1er MAI 1887

EN FAVEUR DU PATRONAGE CATHOLIQUE

DES

ALSACIENS-LORRAINS

PAR

PAUL LALLEMAND

PRÊTRE DE L'ORATOIRE,
MAITRE DE CONFÉRENCES A L'INSTITUT CATHOLIQUE.

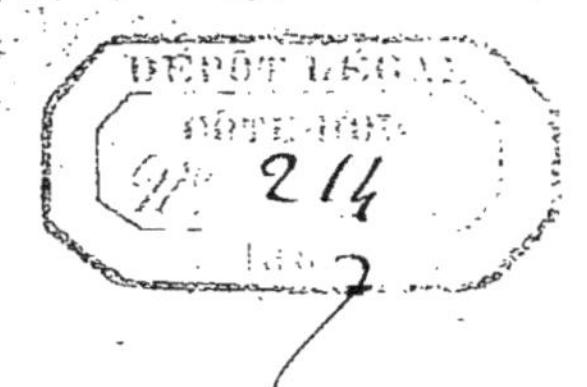

PARIS

RETAUX, ÉDITEUR

82, RUE BONAPARTE, 82

—

1887

LE PATRIOTISME

DISCOURS PRONONCÉ

EN

L'ÉGLISE SAINTE-MADELEINE

LE 1er MAI 1887

EN FAVEUR DU PATRONAGE CATHOLIQUE

DES

ALSACIENS-LORRAINS

PAR

PAUL LALLEMAND

PRÊTRE DE L'ORATOIRE,
MAITRE DE CONFÉRENCES A L'INSTITUT CATHOLIQUE.

✦

PARIS

RETAUX, ÉDITEUR

82, RUE BONAPARTE, 82

——

1887

Imprimerie générale de Châtillon-sur-Seine. — A. PICHAT.

LE PATRIOTISME

*Et invocabunt Dominum, ut respi-
ceret in populum... et vocem sangui-
nis ad se clamantis audiret.*

Et ils conjuraient le Seigneur de
regarder favorablement son peuple
et d'écouter la voix du sang qui
criait vers lui.

(II *Mach.*, VIII (2. 3).

MES FRÈRES,

C'est dans le livre des Machabées que se révèle, plus vivant,
plus enthousiaste, plus courageux qu'en aucune autre partie
des Livres sacrés, le sentiment du patriotisme, où se mêlent
l'amour du sol natal et l'attachement à la religion des ancêtres.
Les pages, où est racontée la lutte suprême des vrais fils
d'Israël contre la domination ennemie, sont traversées d'une
émotion sans rivale; elles disent les plaintes de l'exilé; elles
exhalent les soupirs de ceux-là qui souffrent d'un joug étran-
ger; elles traduisent les douleurs des vaincus, les angoisses de
toutes ces victimes de la force brutale, qui, malgré l'implaca-
ble servitude, restent fidèles à ce lieu béni, où chacun laisse
de son âme et de sa vie, et vers lequel s'orientent tous les sou-

venirs et toutes les espérances; — comme fascinés par ce
charme inexprimable qui arrachait au poète ce cri éloquent :

« *Objets inanimés, avez-vous donc une âme,*
« *Qui s'attache à notre âme et nous force d'aimer!...* »

Il y aura bientôt dix-sept ans. Là-bas, le canon retentissait.
Et le jour et la nuit, sa voix solennelle dominait les bruits du
vent. Et vers la flèche de pierre à qui le vieil Erwin de Steinbach
avait prêté comme des ailes, tellement il la lançait vers le ciel,
les cœurs et les yeux se retournaient à chaque aurore. Une
nuit, on vit cette flèche entourée de flammes, et le guetteur je-
tait à l'Alsace affolée ce cri de détresse : la cathédrale brûle...
Strasbourg s'effondrait sous les obus allemands; mais Strasbourg tenait toujours. Entre-temps, la même flamme dévorait
Schlesdadt, Neuf-Brisach, Phalsbourg! Mais, comme la voix
lointaine de la patrie, nous entendions, malgré l'envahisse-
ment, le grondement éloquent du canon de Strasbourg... La
France était là! Un matin, ce fut le silence... La mort passait...
Strasbourg subissait l'entrée du vainqueur. Puis, c'était Metz.
— Puis, de la plaine, nous voyions, une à une, les cimes de la
Forêt-Noire, se couronner de feux d'allégresse à mesure,
qu'avec nos défaites se multipliaient *leurs* victoires et *leurs*
joies... Et *leurs* canons tonnaient, triomphants, à nos oreilles,
— chantant l'hymne de gloire, et nos cloches sonnaient en leur
honneur, — toi, la *Mute* [1], dont les vibrations majestueuses
n'avaient jamais annoncé à la vieille cité lorraine, à la Ville-
Pucelle que le départ des ennemis ou lassés ou vaincus...
C'était fini; l'Alsace-Lorraine était arrachée à la France : nous
étions Allemands malgré nous !...

Ah! qu'ils sont nombreux, Mes Frères, ceux-là d'entre nous,

1. C'est le nom de la plus ancienne et de la plus belle des cloches de
la cathédrale de Metz.

qui n'ont point accepté les humiliations de la conquête, ni pour eux-mêmes ni pour leurs fils!... Dans les fastes de l'Alsace-Lorraine que de noms à enregistrer avec fierté, — noms de ceux qui ont préféré rompre avec le passé, et dire adieu aux traditions et à des habitudes familières plutôt que d'accepter des liens nouveaux où leur honneur, plus encore que leur vie, eût été comme captif! Et alors, Mes Frères, nous avons vu cet exode de tout un peuple abhorrant le drapeau du vainqueur, et venant demander à la mère patrie, non seulement un morceau de pain, — cela ne se refuse jamais, — mais encore un coin de terre, où, avec l'apaisement des besoins matériels, il puisse trouver les secours nécessaires de la religion et de la foi ; où il puisse, avec la mémoire intégrale d'un passé passionnément aimé, transmettre à ses enfants le dévouement généreux et obstiné à la cause du pays natal. De vous exhorter à continuer ces sacrifices ; de vous pousser à venir en aide au *Patronage catholique des Alsaciens-Lorrains ;* de stimuler votre zèle pour ces petits enfants et pour leurs parents : c'est ce qu'ont ambitionné les dames patronnesses de notre œuvre — ces nobles femmes qui, tout à l'heure, vous tendront la main, — et à qui j'adresse, du fond de mon cœur de Lorrain et de prêtre, l'hommage de ma gratitude et de mon respect.

Mes Frères, pour répondre à votre attente, je voudrais vous montrer comment l'*Œuvre catholique des Alsaciens-Lorrains* éveille les plus graves pensées et se rattache aux plus sérieuses préoccupations. En la soutenant, vous faites un acte de vrai patriotisme ; car l'Église catholique est la plus grande école de patriotisme : le patriotisme étant un sentiment de foi, un sentiment d'espérance, un sentiment d'amour, l'Église, plus que toute autre société, sait façonner les âmes à cette triple vertu. C'est ce que je me propose de développer, en faisant appel à votre sympathique et religieuse attention.

I

La patrie, mes Frères, sans doute, c'est le sol où l'on est né; c'est l'endroit, où dorment les ancêtres; c'est la portion de terre, qu'entoure un ciel avec lequel on est depuis longtemps familiarisé. Et, de ces horizons, de ces coteaux, de ces bois, lorsqu'on a vieilli, et qu'on les visite encore, il s'exhale la voix lointaine des souvenirs les plus suaves au cœur. On dirait que chaque buisson a gardé les émotions de la jeunesse; elles surgissent, au détour des sentiers connus, avec une vibrante intensité qui, parfois, provoque les larmes. — Oh ! les douces larmes ! Et certes, Mes Frères, à ne considérer que cet aspect extérieur de l'Alsace et de la Lorraine, où pourrait-on rêver une patrie plus belle, une terre plus fertile et plus riante aux regards?

A l'Est, l'Ill, après avoir caressé, pendant un voyage de trente lieues, les prairies de ses bords, se perd dans le Rhin. Et, torrent à la marche hardie, majestueuse, avec, parfois, des allures de lac, ce fleuve faisait à notre pays une frontière pittoresque, qu'ombrageaient des bouquets d'arbres, — qu'émaillaient des îles, aux fleurs éphémères; que couvrait, jour et nuit, la voix grondante des grandes eaux. — Et, à l'Ouest, les Vosges s'en allaient, avec leurs ondulations capricieuses, avec leurs ballons aux formes charmantes, leurs fraîches vallées, leurs vieux sapins; avec leurs ruines aux légendes poétiques... Et, par delà, la Lorraine s'étendait, — ouvrant ses plaines au labeur fécond, au travail patient et industrieux, — et sentant courir, allègres et pacifiques, à travers ses champs de blés, ses prairies et ses coteaux vineux, les eaux limpides de la Seille, de la Nied, de la Sarre, qui, sous les remparts de Metz, versaient le joyeux trésor de leurs flots dans le sein hospitalier et large de la Moselle... Alsaciens-Lorrains qui m'écoutez, avez-vous oublié ces paysages? Est-ce qu'il vous souvient encore de nos montagnes, de nos vallons, de nos rivières et de ces douces choses qu'ils gardaient dans leur sein et vers lesquelles, même en rêve, le cœur s'en va comme attiré par un aimant mystérieux et fort?...

Ce n'est là, Mes Frères, que la petite patrie... Il en est une autre : la France! Mais, à ce nom, l'image géographique de notre pays s'évoque-t-elle dans notre esprit? Nous rappelle-t-il les lignes harmonieuses des montagnes, les richesses de nos plaines, l'esquisse de nos villes fameuses, bruyantes comme les ruches en activité? La France! Ce n'est pas seulement cette étendue terrestre que baignent l'Océan et la Méditerranée, et que protègent les Pyrénées et les Alpes. Plus encore, et mieux que la géographie, l'histoire éveille en nous l'idée juste et suscite le portrait véritable de la patrie. Compter un passé de quinze siècles; concevoir, dès l'éveil à la vie nationale, l'idéal le plus beau que puissent réaliser les hommes, en mettant toutes ses énergies au service de la vérité; verser son sang et son or pour les grandes causes, et jamais pour un intérêt égoïste; faire affluer dans son cœur la sève de la Grèce et de Rome, pour, après les avoir sanctifiées par la sève du christianisme, les répandre à travers le monde et devenir, ainsi, l'artisan généreux de la civilisation et l'ouvrier de tous les progrès; s'inscrire, avec une vaillance jamais lassée, contre tous les despotismes; lutter, sans aucune trêve, contre toutes les lâchetés; élever jusqu'à la sainteté même le don de la tendresse, et garder, au milieu des enthousiasmes les plus ardents, la mesure, le bon sens; faire de son nom enfin le symbole de la loyauté, de l'honneur, du dévouement, de la délicatesse et du goût dans les choses de l'art et de l'esprit, n'est-ce point là ta destinée, ô ma France, et toute ton histoire ?

C'est jusqu'à ces profondeurs lointaines, Mes Frères, que plongent les racines des âmes les plus humbles, lorsque Dieu leur accorde la grâce de naître sur la terre de France. Mais ces glorieux souvenirs qui s'incarnent en autant de figures — grands saints, grands capitaines, grands artistes, grands écrivains — et qui forment comme la trame même de nos Annales, demandent un œil exercé pour les lire, une intelligence préparée pour les comprendre, un regard toujours en éveil pour les voir. L'initiation à ce passé, qui est l'âme même du pays, ne constitue-t-elle point un acte de foi, au sens le plus plein du mot ? Pour se retourner vers ces siècles évanouis, pour s'y laisser prendre aux inspirations qui les traversaient, si fières, si héroïques, n'est-il point nécessaire, Mes Frères, de s'arracher aux préoccupations mesquines du moment ? Ne faut-il pas s'abstraire des plaisirs et des intérêts qui nous captivent aujourd'hui ? Ne faut-il pas, nous élevant plus haut que les choses qui nous frappent, plus haut que les objets qui nous touchent, loin des réalités visibles, monter dans la région de l'invisible, de l'idéal — au-dessus de ces bas-fonds où s'agite le peuple des instincts personnels et des appétits égoïstes ? Ah ! pour maintenir, vivant et actif, ce sens de l'héritage français, pour garder, dans sa fleur, le culte de ce patrimoine spirituel où la cause de Dieu s'associe si intimement à la cause même de notre patrie, l'instruction simplement humaine ne suffit point. Comme dans toute œuvre de foi, la préparation au patriotisme français exige des conditions particulières, qui ne dépendent point d'instituteurs vulgaires. Celui-là seulement saura faire des âmes dévouées à notre patrie qui saura aussi les asseoir dans le dévouement au christianisme. Car pour ceux qui limitent leur ambition aux seuls horizons du temps présent, im-

puissants à désirer ou à regretter les perpectives invisibles, —
que peut signifier la patrie? Quelles illustres mémoires leur
rappelle-t-elle? A quels sacrifices, à quels labeurs, à quels
combats les décidera-t-elle? Ils ne vivent que dans le monde
des sens; ils ont perdu la notion de la foi; ils se cantonnent
dans l'existence grossière comme dans un séjour définitif, au
delà duquel il n'est plus rien. Leur inaptitude à comprendre
la beauté de l'histoire de France grandit avec leur incroyance
religieuse. Au contraire, développez la foi dans les âmes;
donnez pour assises à leur vie des convictions solides; avivez
en elles le sentiment chrétien. Et vous verrez comment le patriotisme ira s'élargissant; comment, avec la connaissance du
christianisme, qui habitue à se mouvoir dans les domaines
supérieurs aux sens, la compréhension se développera de la
mission providentielle dévolue à la France; comment l'instinct
naturel qui nous lie au sol de la patrie se transformera dans
cette clarté toute divine que la foi jette sur les élans humains;
comment il deviendra une vertu forte, vaillante, robuste aux
assauts les plus redoutables, supérieure aux plus difficiles
obstacles. C'est pourquoi, Mes Frères, je voudrais voir se mul-
tiplier les écoles chrétiennes; elles s'ouvriraient comme autant
de foyers du vrai patriotisme. — Mais, c'est pourquoi, en ce
moment, je vous adjure de donner pour nos compatriotes d'Alsace-Lorraine. Grâce à votre or, leurs fils échapperont à tous
les dangers de l'impiété : ils ne tomberont point dans les
mains d'hommes sans croyance, et qui font métier de tuer les
âmes, en leur disant qu'il n'y a point de Dieu; que l'Eglise est
une ennemie, et que la mort est le néant éternel. Grâce à votre
or, le prêtre ira aux enfants; le Frère et la Sœur de Charité,
dans les Patronages, dans les Ecoles, dans les Ouvroirs, entoureront leur jeunesse des dévouements qui protègent des autres
séductions : ils les dresseront dans l'amour de l'Eglise, dont

ils montreront l'action salutaire unie à l'action de la France. En même temps qu'ils les accoutumeront à s'arracher aux impressions sensibles, en leur faisant voir Dieu, l'âme, le ciel, toutes les réalités de l'au delà, ils les façonneront à l'amour de la patrie, invisible, elle aussi, et qui est pourtant d'une si solennelle réalité : la foi catholique s'épanouira ainsi dans les enfants d'Alsace-Lorraine, en même temps que cette autre foi qui s'y étaie et qui s'en nourrit : la foi à la France : le patriotisme français.

II

Croire en la France ne suffit pas : le patriotisme, Mes Frères, s'inspire encore d'une seconde vertu : l'espérance. La foi regarde le passé ; l'espérance salue l'avenir : mais celle-ci naît de celle-là. Plus la passion de l'invisible anime un homme ou un peuple, et plus il s'encourage aux labeurs et à la peine. Quand nos chevaliers du Moyen-Age s'en allaient se faire tuer pour un Dieu qu'ils n'avaient pas vu, pour des ancêtres qu'ils n'avaient point connus, pour une terre qu'ils n'avaient jamais habitée, sans doute, ils obéissaient à leur foi naïve et profonde : c'était pour ce qu'ils ne voyaient point qu'ils mouraient ; c'était aussi pour ce qu'ils ne voyaient point qu'ils vouaient leur vie à de si dures épreuves. L'avenir les sollicitait. L'héritage qu'ils avaient reçu, ils le voulaient transmettre à la postérité dans sa beauté totale. Ils perpétuaient les travaux et les luttes soutenus pour le Christ et pour l'Eglise, avec la conviction que la famille future bénéficierait de leurs souffrances et de leur valeur. L'énergie dans la foi assure donc l'énergie dans l'espérance.

Oui, Mes Frères, nous sommes le terme suprême de cet immense mouvement, lent, mais nettement dessiné dès nos origines ; qui se précipite au Moyen-Age ; plus mesuré, et même ralenti au XVIᵉ siècle, et qui s'élargit dans un incomparable essor au XVIIᵉ siècle, pour, après la Révolution, franchir nos frontières et emporter le monde entier. C'est à nous qu'aboutissent les efforts de nos pères : pour nous ils ont souffert ; ils ont lutté pour nous. Dans ceux que nous honorons comme nos patrons célestes, sainte Clotilde, saint Louis, saint Bernard, saint Vincent de Paul, saint François de Sales, sainte Chantal, la sainteté n'a remporté ses audacieuses victoires sur les fragilités natives, qu'afin de nous munir nous-mêmes du secours de leurs exemples, de l'énergie de leurs vertus, et de leur toute-puissante protection. Lorsque, soldats intrépides, nos héros couraient à l'ennemi ; lorsque Jeanne d'Arc, Du Guesclin, Bayard, Turenne, Villars, Condé, Drouot, Lamoricière, Changarnier, Chanzy, Courbet, — je ne cite que les morts, — élite, qui, à travers les siècles, se passe de main en main et le drapeau national, et l'épée qui protège les frontières menacées et défend le territoire envahi, ils couvraient de leur vaillance, avec le sol de la patrie, les berceaux futurs, pépinière de la France à venir... Ah ! cette vision de la postérité, comme elle obsédait nos peintres, nos sculpteurs, nos savants ! Ah ! ce besoin de se dépenser pour ces êtres inconnus, qui jouiront de leurs découvertes, de leurs recherches et de leur gloire : comme il tourmente les grandes âmes ! comme il les fortifie dans leurs déceptions ! Comme aussi il les pousse, avec plus de virile énergie, au travail austère et dur !... O semeur ! la brume est froide ! la terre est grise... les feuilles tombent sous l'âpre vent du nord. Pourquoi te condamner aux sueurs qui dégouttent de ton front ? Pourquoi entreprendre cette guerre sans merci contre les sillons aux mottes lourdes, où s'ensanglantent tes bras ?... Et le semeur poursuit sa tâche, jetant, d'un geste auguste et fort, les grains de blé qui semblent perdus pour lui ; il espère, et déjà voit la moisson que mûriront le soleil et les rosées de l'été...

Dieu me garde, de dire, Mes Frères, que les chrétiens seuls sont capables de ces vastes espoirs qui les arrachent au présent et étendent leurs pensées et leurs projets jusque dans l'avenir. Pourtant est-il bien vrai que les âmes, accoutumées à vivre dans l'invisible par la foi, puisent directement dans cette foi, l'audace de s'élancer vers ce qui n'est pas encore, et le courage d'y tendre toujours, malgré les difficultés et la fatigue. Les croyants élargissent l'horizon de leurs espérances ; ils en augmentent la portée. Donc, Mes Frères, favoriser le patronage catholique des Alsaciens-Lorrains, c'est perpétuer la race des hommes qui espèrent dans l'avenir de la patrie. C'est, en consolidant leurs âmes dans la vie chrétienne, affermir les fondements sur lesquels ils asseoiront leurs efforts, leurs peines et leur courage, pour faire que les jours à venir soient meilleurs que les jours présents. D'autant plus qu'ils ont failli perdre l'héritage séculaire de la famille française. Ils en savent le prix ; ils n'ignorent point quel trésor leur est confié, afin qu'ils le lèguent à leurs descendants. Menacés qu'ils furent d'être privés des richesses intellectuelles et morales de la France, n'auront-ils point à tâche, même au prix de tous les sacrifices, de les augmenter, s'il est possible, afin que d'autres, après eux, soient libres, heureux et chrétiens, sur la terre de France, libre, chrétienne et heureuse ?

III

Où l'élan du patriotisme se traduit avec plus de liberté, et

une plus vivante expansion, Mes Frères, c'est dans l'amour.
Qui donc n'aimerait la France ? Qui donc, lorsqu'il est séparé
d'elle, ne redit comme le vieux troubadour, regardant par delà
la mer, vers la côte lointaine :

> Quand le doux vent vient à souffler
> Du côté de mon pays,
> M'est avis que je sens
> Une odeur de paradis.

Cet amour, Mes Frères, aux heures de sa prospérité, allait à
la France dans une certaine nonchalance ; ses malheurs l'ont
réveillé. Depuis qu'elle est mutilée, depuis qu'une épée inso-
lente a taillé, dans sa chair vive, des frontières qui ne sauraient
être définitives, notre tendresse a pris une émotion qui ne nous
était pas connue. Auparavant nous étions comme des fils
qui absorbent les dévouements maternels, sans les rendre à
celle qui se dépense en veilles et en angoisses. De passif, notre amour s'est fait actif, parce que notre mère a souffert. Est-il
besoin de vous dire combien les Alsaciens-Lorrains aiment la
France ? Ceux-là qui n'ont point quitté la terre envahie ne
viennent-ils point de faire entendre, et unanime, et désespéré
dans sa clameur émue, ce cri aux vainqueurs : « Rendez-nous
la patrie. Depuis dix-sept ans, nous pleurons, nous avons enduré
vos menaces et jusqu'à vos caresses ; nous avons eu, tour à tour,
à supporter vos sourires et vos colères. Votre tentative n'a point
fait un pas de progrès. Malgré vos canons, malgré vos forts,
malgré vos prisons, malgré vos tactiques où l'habileté s'unit à
la force, nous ne voulons pas de vous, rendez-nous la France ! »
Et les Alsaciens-Lorrains qui ont dit adieu au pays natal, pour
se garder tout entiers à elle, ne prouvent-ils point, par leur
émigration volontaire, de quels liens puissants ils sont attachés

à la France? Cet amour pourtant n'est-il point menacé? N'avons-nous point vu, ne voyons-nous point encore certaines écoles enseigner que la patrie est une chimère que tous les peuples sont frères ; que les nations ont été inventées par des ambitions particulières, que ni les unes ni les autres n'ont reçu une physionomie propre, une vocation caractéristique, et qu'il faut être citoyen de tous les pays? Cet humanitarisme ou plutôt ce socialisme universel, qui unit dans une république idéale, non pas même des intérêts, mais des appétits et des instincts inavouables, ne va-t-il pas prenant de plus en plus d'expansion ? N'est-il pas patronné par des sociétés secrètes qui, organisées, enrichies, savamment disciplinées, propagent ces monstruéuses doctrines dans les rangs des ouvriers? Et après que ces doctrines ont ruiné, chez leurs adeptes, les notions de Dieu, de l'âme, de la vie morale, de l'immortalité, croyez-vous que l'idée de la patrie sera plus respectée ? Non, elle croulera au milieu des décombres entassés dans ces pauvres victimes de la franc-maçonnerie ; avec tant d'autres énergies précieuses, le patriotisme est tué, comme dans sa fleur, par ces théories malsaines, si vaillamment dénoncées à l'horreur des chrétiens par notre grand pape, Léon XIII. En venant au secours du patronage catholique d'Alsace-Lorraine, Mes Frères, vous abriterez nos chers émigrés contre le vent destructeur de ces doctrines sataniques ; vous protégerez leur amour pour la France.

J'ajouterai que, pour aimer la France jusqu'au bout, les cœurs vraiment chrétiens trouvent, dans leur foi, des ressources qui les rendent supérieurs à tous les autres. Aimer, c'est donner ; ou plutôt, c'est se donner ! C'est par conséquent, sortir de soi, renverser les murs de l'égoïsme, si épais, si résistants, qui couvrent nos satisfactions et nos plaisirs. Aimer, c'est faire une issue impétueuse et généreuse qui ouvre des horizons plus grands à notre activité et à notre dépense de cœur. Et quel est le terme suprême de l'amour, quand il s'agit de la patrie ? C'est de se dépenser pour elle jusqu'à la mort. S'oublier jusqu'à déposer sa vie, se prodiguer jusqu'à verser la dernière goutte de son sang : sacrifice total qui résume les autres, et qui fait la gloire du plus obscur Français. Mais, Mes Frères, qui apprendra le mieux à s'exposer pour la patrie ? Qui élèvera les courages assez haut pour que la mort ne fasse point peur ? Sera-ce l'enseignement matérialiste ? Quand on sera convaincu que la vie présente est suivie de l'anéantissement éternel, se sentira-t-on poussé au danger d'en être violemment expulsé par la mort brutale du champ de bataille ? Ah ! Mes Frères ! ayons le courage de l'entendre dire : aujourd'hui, même et surtout dans nos campagnes, si nous posons la main sur le cœur des paysans sans religion, nous ne le sentirons point battre au doux nom de la France, même si elle est en péril. A ces hommes, que l'indifférence ou l'impiété a envahis, courbés vers la terre, attachés à leur or, les perspectives d'une guerre pour la patrie restent odieuses ; elles les troublent dans leurs jouissances ; elles dérangent leurs calculs ; elles évoquent le fantôme de la mort, et la lâcheté les envahit de telle sorte qu'ils hésitent devant le devoir sacré de prendre les armes et d'aller défendre le pays. Mais, si la flamme de la foi se rallume dans ces âmes ; si, à sa lumière, ils jugent la vie présente, et s'en vont avec la certitude joyeuse qui ne se trompe point, vers la patrie du ciel, comme le vieux courage français les fait tressaillir ! Comme l'enthousiasme sublime du trépas arrache les jeunes hommes à toutes les joies du foyer, et les précipite, poitrine en avant, à travers la mitraille, contre l'ennemi... plus loin que la victoire, jusqu'à la mort noblement et librement acceptée ! C'est le mot du général en chef, à la bataille de l'Alma. Il communie, monte à cheval, et s'élance à travers la mêlée : « Si l'action est chaude, s'écrie-t-il, que m'importe ! j'ai avec moi

Celui qui ne capitule jamais ! » Ah ! Mes Frères, à cette heure sombre et grosse de menaces, comme la France a besoin d'hommes qui ne capitulent jamais ! c'est-à-dire comme la France a besoin d'hommes pénétrés d'une foi sincère, épris de convictions fortes, saisis par les certitudes de l'au delà chrétien. Vous les lui donnerez, Mes Frères, vous préparerez ces générations intrépides, en secourant l'Œuvre Catholique des Alsaciens Lorrains... Faire d'eux tous des chrétiens convaincus, c'est faire d'eux tous des chrétiens au fier et obstiné courage, invincibles, qui sauront mourir pour la France ! Là-bas, dans cette Algérie qui a été conquise par des généraux brûlants de patriotisme et de foi, les villages alsaciens-lorrains se peupleront d'enfants et d'adolescents, qui grandiront dans l'amour de l'Eglise et de la France. Avec les souvenirs de la terre natale, ils maintiendront le dévouement à la patrie qui leur aura assuré les moyens d'être des hommes utiles et des chrétiens sans reproche. — Ici, parmi nous, après que ces misères physiques auront été soulagées, quand le pain aura été distribué, lorsque le travail quotidien aura été procuré, les âmes se fortifieront dans les idées chrétiennes: elles se prépareront, par la pratique des vertus de notre religion, aux sacrifices qui font les héros — qui chassent les défaillances, qui préservent de la lâcheté, qui aident à préférer au déshonneur, à la fuite, aux paniques affolées, la mort !

Mes Frères, unissez-vous donc dans un mouvement de charité faternelle et patriotique ; donnez ! Le présent sera moins lourd pour les désolées phalanges de ces exilés volontaires d'Alsace-Lorraine qui ont eu foi en vous. Donnez ! et l'avenir vous bénira, parce que vous aurez semé les germes des moissons futures d'hommes à qui incombera la tâche des revanches nécessaires et des réparations attendues. Donnez enfin ; parce que, en même temps que vos aumônes redescendront, comme une bénédiction féconde, sur le sol de France, elles entoureront les âmes des secours les plus capables de les faire vivre et mourir dans l'amitié de Dieu, fidèles à la devise du comité catholique d'Alsace-Lorraine : *Foi et Patrie!*

Dominant la ville de Metz, la cathédrale emporte ses nefs hardies à de telles hauteurs qu'on aperçoit de très loin le svelte monument. Dans le chœur, l'art de nos verriers lorrains a brodé sur les fenêtres ogivales, en couleurs étincelantes, l'histoire de la vieille cité... Au-dessus du maître-autel, sur un fond de pourpre et d'or, le vitrail porte ces mots écrits en gros caractères : SPES. 1554. Au lendemain des angoisses qui avaient pesé sur Metz, lorsque Charles-Quint l'avait assiégée, au lendemain de la victoire remportée par le Duc de Guise, et qui chassait l'ennemi obligé à fuir, les Echevins Messins avaient eu l'heureuse inspiration de faire dresser aux yeux de tous, comme dans un mot d'ordre toujours visible, la devise où la cité exprimait son cœur : SPES ! *Courage et Espoir !* Aujourd'hui, comme autrefois, la Moselle baigne les remparts, inviolés par les boulets ; les mêmes horizons qu'autrefois caressent le regard. Mais le drapeau allemand flotte sur la ville... Et, autour des murailles, des milliers de soldats français sont couchés dans des fosses que protège la baïonnette d'une sentinelle prussienne... Mais toujours, la cathédrale surgit ; toujours, elle ouvre ses nefs aériennes... Et là, protégé par la majesté du sanctuaire, le grand vitrail resplendit au soleil, avec son éloquente et patriotique légende: *Spes : Courage et Espoir !* N'oubliez point cette vision, Mes Frères. — Il ne tient qu'à vous, en ce moment, qu'elle devienne une réalité. Ainsi soit-il.

RAPPORT SUR L'ŒUVRE

A l'appel du Comité de Patronage catholique des Alsaciens-Lorrains qui s'est fondé à Paris en 1872, on sait avec quelle généreuse spontanéité répondirent NN. SS. les évêques... Dans une souscription qui restera mémorable, l'Episcopat français offrit au Patronage, une somme très importante, produit des quêtes diocésaines... L'œuvre a fait de son mieux pour accomplir dignement sa grande mission de charité chrétienne ; et si elle a toujours mis les besoins des âmes en première ligne, elle n'a jamais laissé passer une occasion de soulager les misères de tout genre que l'émigration entraînait après elle.

Des centres religieux furent rapidement créés afin de permettre à cette population, encore si chrétienne, de conserver sa foi au milieu des dangers de la grande ville ; d'excellents prêtres, familiarisés avec la langue allemande, se chargèrent de faire entendre la parole de Dieu aux chers émigrés.

Toutes les Sœurs de Charité de Paris et de la banlieue, de concert avec les dames de l'œuvre, ont visité à domicile et secouru plus de quatorze mille familles. Mais la plus grande partie des fonds a été consacrée à l'entretien des séminaristes, des orphelins, au soutien des écoles et au payement de bourses d'apprentissage. Pénétré de sa devise : Foi et Patrie, le comité n'a cessé de concentrer ses efforts sur cette même pensée : donner à Dieu des serviteurs fidèles, au pays, de vaillants défenseurs.

Pourquoi une certaine délicatesse de sentiments ne permet-elle pas de nommer tous ces jeunes lévites qui, au nombre de quatre-vingt-dix-huit, ont été placés par les soins du Patronage catholique, à Paris, dans les séminaires d'Issy, de Saint-Sulpice, des Missions Etrangères, de Notre-Dame des Champs ; en province, dans les séminaires d'Angers, de Besançon, de Chartres, de Montmorillon, de Séez, de Soissons, de Troyes, de Versailles, de Nancy et de Pont-à-Mousson, et qui ont donné d'excellents prêtres à l'Eglise ? Pourquoi ne pouvoir nommer ces missionnaires et tous ces autres pupilles qui, depuis l'âge de dix à douze ans, ont été placés dans de pieux asiles et sont arrivés aujourd'hui à l'âge d'homme ayant su conquérir les plus honorables positions sociales ? De ces protégés dont les noms sont précieusement conservés dans les archives de l'œuvre, dans ce registre qu'on se plaît à nommer le livre d'or du patronage, les uns sont : médecin-major, pharmacien militaire, capitaines et lieutenants d'infanterie, officier d'artillerie, aspirant de marine ; les autres sortant de la maison des Frères de Saint-Nicolas et de l'Orphelinat de Sens sont dessinateur au Ministère de la guerre, employés au Ministère de la Marine, caissiers dans d'importantes fabriques, contre-maîtres dans les manufactures d'armes, employés dans de grandes maisons de commerce, typographes, organistes, etc.

Le Patronage catholique, tout en ayant largement rempli sa tâche, croirait faillir à son devoir en ne luttant pas énergiquement pour soustraire à la libre pensée et aux Ecoles sans Dieu les pauvres Alsaciens-Lorrains qui lui demandent encore secours et protection.

IMPRIMERIE GÉNÉRALE DE CHATILLON-SUR-SEINE — A. PICHAT

IMPRIMERIE GÉNÉRALE DE CHATILLON-SUR-SEINE. — A. PICHAT